Tiffany

(1848-1933)

Seite 4:
Louis Comfort Tiffany, Fotografie, um 1908

Autor: Charles de Kay

Layout:
Baseline Co. Ltd
61A-63A Vo Van Tan Street
4. Etage
Distrikt 3, Ho Chi Minh City
Vietnam

© 2011 Confidential Concepts, worldwide, USA
© 2011 Parkstone Press International, New York, USA

Weltweit alle Rechte vorbehalten.

Soweit nicht anders vermerkt, gehört das Copyright der Arbeiten den jeweiligen Fotografen, den betreffenden Künstlern selbst oder ihren Rechtsnachfolgern. Trotz intensiver Nachforschungen war es aber nicht in jedem Fall möglich, die Eigentumsrechte festzustellen. Gegebenenfalls bitten wir um Benachrichtigung.

ISBN: 978-1-906981-33-4

Gedruckt in China

Ich habe stets danach gestrebt, Schönheit in Holz, Stein, Glas oder Keramik, in Öl oder Aquarell festzuhalten, je nachdem, was dem Ausdruck der Schönheit am geeignetsten schien - das ist mein Credo.

— Louis Comfort Tiffany

Biografie

1848: Louis Comfort Tiffany wird am 18. Februar in New York City geboren. Seine Eltern sind Charles Lewis Tiffany, Gründer und Eigentümer der Firma „Tiffany & Co.", und Harriet Olivia Avery Young.

1866: Tiffany geht bei dem amerikanischen Landschaftsmaler George Inness in die Lehre.

1872: Nachdem sich Tiffanys Interesse von der Malerei auf die Glasherstellung verlagert, fängt er an in Glasmanufakturen in Brooklyn zu arbeiten.

1879: Tiffany gründet die Firma „Louis Comfort Tiffany and Associated Artists" zusammen mit Candace Wheeler, Samuel Colman und Lockwood de Forest.

1882: Die Firma wird damit beauftragt, mehrere Räume im Weißen Haus umzugestalten.

1885: Tiffany verlässt L.C. Tiffany and Associated Artists um seine eigene Glasmanufaktur zu gründen, die „Tiffany Glass Company".

1893: Die Tiffany Glass Company eröffnet eine neue Produktionsstätte im New Yorker Stadtteil Queens. Die Fabrik wird später in „Tiffany Glass Furnaces" umbenannt und beginnt mit der Entwicklung und Herstellung des berühmten „Favrile"-Glases.

1894:	Die Tiffany Glass Company patentiert den Namen „Favrile", der sich spezifisch auf alle Glas-, Emaille- und Keramikprodukte der Firma bezieht.
1895:	Die Tiffany Glass Company beginnt mit der groß angelegten Produktion und Vermarktung ihrer inzwischen berühmten Lampen.
1900:	Für die Ausstellungsstücke, die Tiffany auf der Weltausstellung in Paris zeigt, wird ihm eine Goldmedaille und der Titel „Chevalier de la Légion d'Honneur" (Ritter der Ehrenlegion) verliehen.
1902:	Tiffany wird der erste Direktor für Gestaltung in der Firma seines Vaters.
1904:	Auf der „Louisiana Purchase Exposition" in St. Louis präsentiert Tiffany eine neue Produktreihe aus Keramikwaren und emailliertem Kupferschmuck.
1906-1916:	Zusätzlich zu Keramik, Lampen und Schmuck, die sich bereits im Produktionssortiment der Firma befinden, erweitert Tiffany Studios das Angebot auf Geschenkartikel, Zigarrendosen, Schmuckkästchen, Bilderrahmen, Uhren und Geschirr.
1919:	Tiffany zieht sich aus seiner aktiven Rolle bei den Tiffany Studios zurück, behält jedoch weiterhin sein Amt als Direktor der Firma.
1933:	Louis Comfort Tiffany stirbt im Alter von 85 Jahren in New York City.

TIFFANY DER MALER

Louis Comfort Tiffany ist mit einem goldenen Löffel im Mund zur Welt gekommen, aber der Löffel wurde sofort versteckt und nur selten durfte er sich an dessen Existenz erinnern. Sein Vater, der bedeutende Goldschmied und Juwelier Charles Lewis Tiffany, sowie seine Mutter, die vor ihrer Ehe Harriet Olivia Young hieß, hielten nichts davon, Kinder zu verziehen, indem man ihnen gewährte, ihrem Reichtum gemäß zu leben.

Öllampe mit Blumenornamenten

Bleiverglastes Favrile-Glas und Bronze

Die Erziehung sollte gründlich sein, Luxus und Ausgaben hingegen nur in eingeschränktem Maße erfolgen. Ihr Sohn, der am 18. Februar 1848 geboren worden war, ging noch zur Schule, als der Bürgerkrieg noch ausgefochten wurde, aber wir können uns vorstellen, dass er es wie viele andere Schuljungen seiner Zeit bedauerte, zu spät geboren worden zu sein, um selbst darin zu kämpfen. Einige seiner Künstlerkollegen

Rosenmuster mit ausgestelltem Lampenschirm

aus seinem späteren Leben wie George B. Butler, Elihu Vedder und Winslow Homer waren an der Front gewesen. Im Laufe der Zeit verspürte Tiffany den Wunsch, sich auszudrücken, was bereits auf den aufkommenden Künstler schließen lässt. Einer Universitätskarriere stand er gleichgültig gegenüber, so dass er in dem Alter, in dem sich ein junger Erwachsener normalerweise an der Universität befindet, die Ateliers von George Innes, N. A. und

Hängeleuchte mit Blumenornamenten

Bleiverglasung, Bronze

Samuel Colman, N. A. aufsuchte. Letzterer wurde einer der Gründer und ersten Präsidenten der *Society of Painters in Water Colors*, die sich die *American Water Color Society* nennen sollte, sowie eines der ersten Mitglieder der *Society of American Artists*, die später mit der *National Academy of Design* fusionierte.

George Innes konnte durch bestimmte Charakterzüge das Interesse eines Schülers wecken. Seine prägnanten,

Deckenleuchte mit Blumenornamenten
―――
Bleiverglasung, Bronze

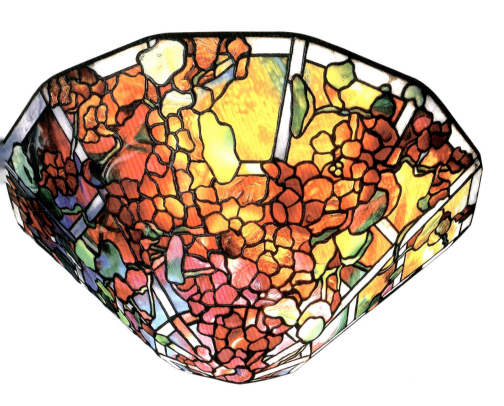

unverblümten Ansichten über Kunst wurden durch seine anregende, wenn auch chaotische Philosophie ergänzt, in der die erhabenen Vorstellungen Swedenborgs eine wichtige Rolle spielten. Ich erinnere mich daran, Stunden in seinem Atelier im alten Universitätsgebäude am Washington Square verbracht zu haben, wo er vor seiner Staffelei stand und ein Bild mit schnellen Pinselstrichen malte und es wieder beseitigte und dabei

Lampe mit Narzissenmuster

1899
Höhe: 96,5 cm
Courtesy McCelland & Lars Rachen, Ltd.

einen Redefluss einbrachte, in dem, anders als bei anderen Künstlern, ein stark religiöser Charakter aufkam und wieder verschwand, um wieder aufzutauchen, wie die weißen Spuren, die den Fluss unterhalb der Stromschnellen färben. 1878 versuchte Inness, einige dieser flüchtigen Ideen im *Harper's Monthly* festzuhalten:

„Der wahre Nutzen von Kunst ist es erstens, die spirituellle Natur des Künstlers zu kultivieren und

Sockel Nr. 145 mit Pfeilspitzenmosaik;
Lampenschirm „Rose"

Bleiverglastes Favrile-Glas und Bronze

zweitens, sie als Größe in die allgemeine Kultur einzugliedern. Die Zunahme dieser Bemühungen hängt von der Reinheit der Motive des Künstlers im Streben nach Kunst ab. Jeder Künstler, der ohne Bezug auf äußere Umstände darauf abzielt, die Vorstellungen und Emotionen darzustellen, die ihm angesichts der Natur kommen, befindet sich im Prozess seiner spirituellen Entwicklung und ist ein Wohltäter für seine Kultur.

Lampe Nasturtium (Brunnenkresse), Modell Nr. 607

Umfang des Lampenschirms: 57 cm
Courtesy McCelland & Lars Rachen, Ltd.

Kein Mensch kann versuchen, eine Idee vom Motiv oder der Liebe zur Idee selbst wiederzugeben, ohne in den Kreislauf der Erneuerung miteingeschlossen zu werden. Die Schwierigkeiten, die bei der Vermittlung des Inhalts dieser Vorstellung (in diesem Fall das Gefühl oder die Emotion) bis hin zu ihrer perfekten Verdeutlichung notwendigerweise bewältigt werden müssen, schließen die Ausübung seiner intellektuellen Fähigkeiten mit ein;

Baumlampe, Baumstammsockel,
Lampenschirm mit Blumenornamenten
_____

Bleiverglastes Favrile-Glas und Bronze

und man wird schnell herausfinden, dass das moralische Element allem unterliegt und dass, sofern die Moral nicht mit ins Spiel gebracht wird, die intellektuellen Fähigkeiten nicht imstande sind, den künstlerischen Antrieb und die Inspiration zu vermitteln. Der Geist vermag die Mittel des Arbeitsablaufes verstehen, aber erst wenn die moralischen Kräfte ausgebildet sind, können die Bedingungen bestehen, die zur Übermittlung

Tischlampe mit Azaleenmuster

Bleiverglasung, Bronze, Höhe: 55,9 cm

der künstlerischen, wahren und guten Inspiration notwendig sind. Natürlich kann kein menschliches Motiv rein und göttlich sein."

Der Schüler muss die Liebe seines Meisters zum Aquarell geteilt haben. Isham, ein ausgezeichneter Beurteiler seiner Künstlerkollegen, schreibt über ihn folgendes: „Es fand sich viel von Colmans Liebe zu warmen, reinen Farben in seinen Bildern, in durchsichtiger Lavierung oder als Gouache auf rauer Strohpappe,

Tischleuchte mit Bambusmuster

Bleiverglasung, Bronze
Umfang des Lampenschirms: 55,88 cm

italienische oder mexikanische Schauplätze, die die frühen Ausstellungen der *Water Color Society* erhellten, die Beständigkeit seiner Konturen und die Kraft in seinen Zeichnungen waren wahrscheinlich das Ergebnis seiner französischen Ausbildung."

Diese letzten Worte beziehen sich auf einen dritten Künstler, den Tiffany bewunderte und besuchte: Leon Belly aus Paris, der wie Samuel Colman, Landschaftsmaler war,

Mosaik-Tischuhr

Bleiverglasung, Bronze

nach Nordafrika, Ägypten und Palästina gereist war und sich einen Namen gemacht hatte. Jules Breton erklärt in *Nos Peintres du siècle*, dass er ägyptische Schauplätze malte „der präzisen Sorte, in denen man sich jedoch mehr Emotionen wünschte. Seine Bilder von Palästina beeindruckten mich mehr, besonders seine eindrucksvolle Darstellung des Toten Meeres." In der Ausstellung von 1867 weist er auf seine „großartigen

Standard-Dreibeinsockel mit Lampenschirm „Tulpe"

Favrile-Glas, Bronze, Blei

Darstellungen von Afrika" hin. Wie Colman gefielen ihm die Künste des Orients besonders gut und dies entsprach dem Charakter Tiffanys. Auch wenn er nicht mit Belly arbeitete, studierte er sehr hart bei Bailly, einem sehr pedantischen Zeichenlehrer, der in Passy lebte und seine Mühen mit dem jungen Amerikaner hatte. Es kann jedoch angemerkt werden, dass sich weder Bellys noch Inness' noch Colmans Werke in

Tischlampe mit Ahornblattmuster
―――――――――――――――――――
Bleiverglasung, Bronze

denen von Tiffany widerspiegeln. Dieser ging seinen eigenen Weg in der modernen Kunst, die darauf abzielt, Individualität hervorzuheben, anders als die frühen Traditionen der Schulen und Gilden, die sich für Uniformität aussprachen.

1870 wurde Tiffany in den *Century Club* gewählt. 1871 wurde er zum Mitglied der *National Academy of Design* ernannt und heiratete im Jahr darauf Miss Mary

Lampe mit Motiv „Baum in der Blüte"

Bleiverglasung, Bronze

Woodbridge Goddard. Er war Mitglied der *American Water Color Society* und leistete jahrelang Beiträge. Es war zu dieser Zeit, als Tiffany die „rechtmäßigen" Aquarellmaler oder Verfechter der „Lavierung" gegen sich aufbrachte, indem er die Deckfarbe frei verwendete. Bissig waren die Kommentare der Presse und Ateliers hinsichtlich dieser Dreistigkeit. Deckfarbe war eine Schande! Diese Engstirnigkeit gibt es auch

Sockel mit Weizenmosaik, Lampenschirm mit Spinnweben- und Apfelblüten-Ornamentik

heute noch, auch wenn sie sich auf andere Weise offenbart. Du sollst nicht nur deinen Nächsten lieben, du musst auch die gleichen Pigmente auf die gleiche Art und Weise verwenden. Wenn nicht – hinaus! Als im Jahr 1877 die *Society of American Artists* von Künstlern gegründet wurde, die der Ansicht waren, dass die Vorsitzenden der *National Academy* zu streng in ihren Ansichten waren, gehörte er zusammen mit Inness,

Hängeleuchte „Rosette"
***
Bleiverglasung, Bronze

Colman, Wyatt Eaton, La Farge, Martin und Saint Gaudens zu ihren Begründern. Drei Jahre später wirkte sich seine Wahl zum Nationalakademiker nicht schlechterauf diese neue Gesellschaft aus. Die *Architectural League* hielt ihn ebenfalls für aufnahmebereit.

Die Zeit zwischen 1870 und 1890 wurde durch eine ungewöhnliche Kunstbewegung gekennzeichnet, die sich nicht nur auf New York beschränkte, eine Bewegung,

Trichterförmige Hängeleuchte Allamanda
(Dschungelglocken)
―――――
1910
Bleiverglasung, Bronze, Umfang des Lampenschirms: 71,12 cm

die sich durch die Gründung von Gesellschaften und Organisationen bemerkbar machte, durch die man erhoffte, das Interesse der Öffentlichkeit zu gewinnen. *The National Sculpture Society*, die noch heute floriert, der *New York Etching Club*, eine Gruppe galanter, aber manchmal unreifer Pastellmaler und die *New York Society of Fine Arts*, die es heute nicht mehr gibt, entstanden zu jener Zeit. Tiffany schuf schon damals

Lampe „Pony Apple Blossom";
Lampenschirm im Apfelblütenmuster

Favrile-Glas, Bronze, Blei

einige seiner Arbeiten mit anderen Mitteln als Öl und Aquarell, aber er wurde von denjenigen Bewegungen geleitet, die von solchen Organisationen für die Förderung der begrenzteren „Schönen Künste" vertreten wurden.

In den frühen Siebzigern des 19. Jahrhunderts war Tiffany von der riesigen muslimischen Architektur in Algier verzaubert, den langen Mauern der Moscheen und ihrer umliegenden Gebäude, die von Baumstämmen

Hängeleuchte mit ausgestelltem Lampenschirm und Narzissenmuster

und dem Schatten von Palmen gesäumt waren. Hier finden wir ein Bild aus dem Jahre 1874, das den Titel *The Pool* trägt und das typisch für das helle Sonnenlicht, die Farbe und die Kontraste ist, die Decamps so gerne darstellte. Zur selben Zeit fängt er den Charakter einzelner Orientalen in *Cobblers at Boufarik* (1888) und *Street Scene in Algiers* ein, Genrebilder aus dem Orient, in denen man sowohl den

Hängeleuchte „Garten"

Farbenkünstler als auch den Figurenmaler erkennt: Er besitzt ein Gefühl für Licht und Schatten sowie einen Sinn für Proportionen von Menschengruppen in Bezug auf den architektonischen oder landschaftlichen Hintergrund. Trotz all seiner Erfahrungen in Europa und Algier verachtete er auf der anderen Seite auch nicht die Heimat und das häusliche Genre.

Pfau ist eine stärkere und deutlichere Darstellung derselben weitreichenden Kurven, in der das sitzende

Hängeleuchte im Schwertlilienmuster

Bleiverglasung, Bronze

Aktmodell durch die Bein-, Torso- und Nackenlinien sowie den erhobenen linken Arm die harmonischen, ansteigenden Wellen offenbart, die im Nacken und Kopf von Junos Vogel kulminieren. Hierin verdeutlicht sich merklich der Symbolismus. Bei der sitzenden Figur könnte es sich um Psyche handeln. Der Pfau, das Symbol der Weltlichkeit und sinnlichen Schönheit, ein stolzer Vogel, dem es angeblich an Intellekt und Seele fehlt,

Wandleuchte mit Lotusblumenmotiv

Bleiverglasung, Bronze

steht im Kontrast zum Schmetterling, den Psyche verkörpert, dem Symbol der Unsterblichkeit. Psyches Gesicht verstärkt den Kontrast zwischen dem Über- und Untergeordneten. Über dem Kopf des Vogels formen die obstbeladenen Zweige weitreichende Linien und richten den Blick wieder auf die sitzende Figur. *Pfingstrosen* ist ein Beispiel für Tiffanys Stärke, Blumen in einer bewundernswerten Kombination aus

Blumenmosaik-Sockel;
Lampenschirm mit Spinnweben-Ornamentik

Arrangement und geordneter Unordnung zu malen, zur selben Zeit wird es den schönen satten Farben der Blüten und der Vase gerecht. Man könnte leicht weitere Beispiele dieser Art finden, aber die einzigartige Vielfalt seines Werkes zwingt uns dazu, hier Einhalt zu gebieten.

Tiffanys Neigung zum Orient wurde durch seine Aufnahme in die *Imperial Society of Fine Arts* in Tokio bekannt. Er wurde gleichfalls Mitglied der *Societé*

Bilderrahmen mit Floralornament

Bleiverglasung

Nationale des Beaux Arts de Paris und seine Exponate auf der Weltausstellung in Paris 1900 brachten ihm eine Goldmedaille und den Titel des Ritters der Ehrenlegion ein. 1903 erhielt er den Ehrengrad „Master of Arts" von der Universität Yale.

In der früheren Phase seines Lebens sehen wir Tiffany als Studenten mit Meistern der Landschaftsmalerei,

Deckenleuchte mit Blumenornamenten

Bleiverglasung, Bronze

der sein Betätigungsfeld auf Landschaften mit Figuren ausweitet bis hin zu Bildern, in denen die Figur alles einnimmt, und schließlich zu größeren, dekorativen Werken, in denen die Figuren mit Blumen versehen werden und das Stillleben poetische oder musikalische Emotionen in Farbe zum Ausdruck bringt. Der Farbenkünstler in ihm wird ein immer wichtigeres Element und bereitet den Weg für jene Kunstwerke in

Teeschirm im Schwertlilienmuster
―――――――――――――――――――
Bleiverglasung

bemaltem Glas, durch die er über die Grenzen seiner Heimat hinaus bekannt geworden ist. Obwohl die vielen Anfragen zu seiner Zeit es von ihm als Handwerker erforderten, seine Arbeiten im Gemälde und Aquarell allmählich einzuschränken, hat er die Arbeit an der Staffelei niemals aufgegeben und so viel Zeit wie möglich mit Pinsel und Palette verbracht.

Bleiglasfenster mit Fisch- und Blumenmotiven

1900
Allen Michaan Sammlung

TIFFANY DER GLASMALER

Während seiner Reisen durch England, Frankreich, Deutschland und Italien konnte es einem Maler mit einem Gefühl für Farbe nicht entgehen, dass der modernen Glasmalerei, wie sie in Europa produziert wurde, die grundlegende Qualität fehlte, die das bemalte Glasfenster vom Mosaik oder dem Wandgemälde unterscheidet, jene Qualität, ohne die

Lampe im Glyzinienmuster
———————————————
1902
Bleiverglasung, Bronze
Privatsammlung

das Buntglasfenster kaum eine Daseinsberechtigung hätte. Abgesehen von diesen bedauerlichen Fenstern kann man entgegenhalten, dass die wolkigen Himmel Nordeuropas, die düstere Atmosphäre der großen Städte die Menschen wegführte vom „dämmrig religiösen Licht" der Kathedralen zu Zeiten großartiger gotischer Architektur.

Praktische Gründe sind vielleicht für die graduelle Einführung hellerer Töne verantwortlich, vor allem in

Wandleuchte mit Libellenmosaik

Bleiverglasung, Bronze

den Palästen, den verzierten Hallen, den Rathäusern, Bibliotheken und anderen Orten, wo es notwendig war, genug Licht für die Lektüre zu haben. Aber dies war lediglich ein Grund unter vielen. Ein tiefgehenderer Grund war die Seltenheit des Farbgefühls unter den Künstlern, etwas, das ein Mensch besitzt oder nicht, etwas, das den Augen oder dem Sehnerv eigen ist und das durch Lernen und Erfahrung im Malen nur

Tischlampe mit Libellenmosaik-Sockel, Nr. 147

annähernd erzielt werden kann. Farbenkünstler sind ganz besondere Menschen. Es gab eine Zeit, da schlossen sie sich in Holland zusammen und bildeten eine großartige Kunstepoche. In der Mitte des 19. Jahrhunderts tauchen sie zusammen mit Delacroix und Barbizon in Frankreich auf. Immer wurden sie von den Künstlern und Kritikern bekämpft, die diese Gabe nicht besaßen und die Natur eher in ihren Formen als ihren

Motiv „Vögel auf einem Ast" in einem Rahmen

Bleiverglasung

Farben betrachteten. Als Mehrheit überzeugten diese Kritiker die Öffentlichkeit davon, dass Farbe im Gegensatz zur Form nicht viel bedeutete. Sie meinten das vollkommen ernst und waren völlig von ihrer Meinung überzeugt. Die Öffentlichkeit erkannte nur langsam, dass für eine Kunst wie die Malerei die Farbe die Hauptzutat war, und noch rechtzeitig erhielt der Farbenkünstler sein Ansehen.

Pfauenhängeleuchte

Denken wir für einen Moment an den Unterschied zwischen der Betrachtung eines Gemäldes auf einer festen Oberfläche, die durch die Farbe noch dunkler wird, und der Betrachtung eines Materials, auf dem die Farben vermischt wurden und das so ausgestellt wird, dass Licht hindurchfällt!

Als er nach Amerika zurückkehrte, wo Himmel und Atmosphäre, Sommer und Winter nach Innenräumen

Fensterdekoration mit Schmetterlingsmotiv

Bleiverglasung

verlangten, welche die Augen vor einem Übermaß an Leuchtkraft schützten, konnte Tiffany nicht anders, als zu erkennen, dass es hier in Europa einen Kunstzweig gab, der vernachlässigt oder vielmehr schlecht bedient worden war, der aber der neuen Welt neue Bereiche wunderbarer Arbeiten offenbaren konnte.

Die ersten Fenster waren Mattierungen, Holz- oder Steingitter, Häute oder Eisplatten (unterhalb des

Libellenhängeleuchte
―――――――――――
Bleiverglasung, Bronze

nördlichen Polarkreises), Horn, dünn bearbeiteter Alabaster und zuallerletzt Glas. Das erste Glas, das wir uns vorstellen können, wurde von Keramikern entdeckt, die ihre Töpfe durch Glasur wasserundurchlässig machen wollten. Ihre glasierten, von Hand hergestellten Tonwaren wurden der Hitze des Brennofens ausgesetzt und es entstanden somit die ersten Glasbehältnisse. In Byzanz existieren mit Sicherheit kleine Glasfenster,

Hängeleuchte mit Pfauenskulpturen aus Bronze

aber die Glasfenster, wie wir sie kennen, stammen nicht von den Völkern des Mittelmeeres, sondern sind die Erfindung der nordeuropäischen Völker. Wenn sie auch nicht das Bunt- oder Kirchenglas erfanden, das sie offensichtlich nach den Kreuzzügen von den spezialisierten Glasmosaikkünstlern des späten griechischen Reichs übernahmen, so ist es doch wahrscheinlich, dass sie es waren, die damit anfingen, Glas aufgrund des Klimas für gewöhnliche Fenster zu verwenden,

Leselampe, Standardsockel mit blasgeformten
Glaseinlagen und Pfauenlampenschirm

Favrile-Glas, Bronze, Blei
Umfang des Lampenschirms: 40,6 cm

die zumindest im Winter einen Raum abschlossen und den Raum von außen erleuchteten.

Die Sprache gibt uns einen Hinweis: Das Wort *Glas* ist germanischen Ursprungs und bedeutet so viel wie glänzen und scheinen, oder „das Schimmernde". Die Kelten, die vor den Teutonen in Europa lebten, besitzen jedoch dasselbe Wort für eine Farbe. Auf Irisch bedeutet *glas* grau oder blaugrau, wie Stahl. Auf Walisisch bedeutet *Glas* „blau, grüngrau."

Lampe „Libelle", Modell Nr. 1507
---
vor 1906
Höhe: 57 cm
Courtesy McCelland & Lars Rachen, Ltd.

Der griechische Name *Glaukos*, „glänzend", kommt dem sehr nahe. Ein ähnliches, von den Teutonen benutztes Wort für Bernstein, hieß im Spätlateinischen *glesum*. Wir können uns vorstellen, dass das erste Glas, das von den Phöniziern nach Nordeuropa gebracht wurde, eine Art Flaschenglas in Grün- und Blautönen war und von den Kelten, die das Wort an die teutonischen Stämme weitergaben, als „blaugraues"

Lampenschirm „Libelle"

1899-1905
Glas, in Bleiruten eingesetzt
Privatsammlung, New York

Material bezeichnet wurde. Sobald Glas in Europa hergestellt wurde, war es ganz selbstverständlich, dass die, die sich den Luxus leisten konnten, dieses Material gegen das Pergament oder Horn austauschten, das von den einfachen Völkern des Nordens in den kleinen Fensteröffnungen verwendet wurde, um das Licht hereinzulassen und die Kälte abzuwehren.

Ursprünglich wurden Fenster oder Gitterfenster mit solchen Materialien versehen, die zwar Licht hineinließen,

Pfauenöllampe

aber den Bewohnern nicht die Möglichkeit gaben, hinauszuschauen. Transparentes Glas ist eine relativ späte Erfindung. Als das Glas nach Europa kam, reagierten die meisten Menschen gleichgültig darauf, da sie den Vorteil der transparenten Scheiben nicht gewohnt waren. Sie erfreuten sich an Bleiglas und den dicken, dunklen Glasfüllungen in den alten Kathedralen von Chartres, Beauvais, York usw. und kümmerten sich

Skarabäus-Siegelstempel

nicht um den Grund für das dämmrige Licht, das hineinfiel. Dieser Aspekt sollte nicht unberücksichtigt bleiben, wenn man alte und moderne Glasfenster untersucht. Bevor die durchsichtigen Glasscheiben, die so durchsichtig wie Luft waren, in Europa ankamen, gab es bereits wunderschöne Buntglasfenster.

Cennino Cennin, der um 1400 in Padua lebte, gibt in seinem *Trattato della Pittura* Aufschluss darüber,

Teeschirm
———
Bleiverglasung

wie man Papierblätter zusammenklebt, um ein einziges Blatt so groß wie ein Fenster zu erhalten: „Zeichne die Form zuerst mit Kohle auf, fixiere sie dann mit Tinte, die Form muss schattiert sein, so als ob sie auf eine Tafel gemalt worden wäre. Der Glasmeister nimmt diese Zeichnung, breitet sie auf einem breiten, flachen Tisch oder einer Platte aus und schneidet, je nach Farbe der Schnittware, jeden Teil des Glases aus und gibt dir eine

Vase mit Pfauenmotiv

1893-1896
Favrile-Glas, 35,9 x 29,2 cm
Metropolitan Museum of Art, New York

Farbe, die aus gemahlenem Kupfer besteht, um damit die Schatten mit einem Hermelinpinsel auf das Glas zu malen und somit die Bruchkanten und die anderen Teile der Form zusammenzubringen, je nach dem wie der Meister das Glas geschnitten hat und es zusammengesetzt hat. Mit dieser Farbe lässt sich alles schattieren – jede Art von Glas. Bevor der Meister die Stücke zusammensetzt, wie es üblich ist,

Aquamarin-Vase mit Goldfischen

1913
Sammlung Mary Beth und Walter Buck

brennt er sie in Eisenkästen auf Kohlen. Es hat den Vorteil, dass man die Grundfarbe nicht auftragen muss, da man Glas in jeder Farbe haben kann."

Heutzutage wird zumindest in Amerika ein größerer Aufwand betrieben, um ein Fenster herzustellen. Ein Farbentwurf für die Komposition und die Aufteilung der Farben führen zu einer großen Bildergeschichte. Hiervon ausgehend werden zwei Übertragungen auf

Libellenmosaik
───────────────
Bleiverglasung, Bronze

Papier vorgenommen. Eine behält der Künstler als Richtlinie, um die Bleifassungen zu arrangieren und die Glasteile zusammenzusetzen. Die andere wird entlang der Linien der Bleifassungen aufgeteilt und in verschiedene Ornamente geschnitten, die auf einer Glasstaffelei angeordnet werden; diese wird gegen helles Licht gestellt. Die Ornamente können leicht entfernt werden. Nachdem der Künstler eine Glassscheibe

Tintenfass in Form einer Krabbe

Bronze

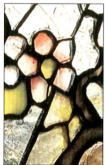

ausgewählt hat, die in der Farbe einem bestimmten Teil des Designs entspricht, nimmt er das Papierornament von der Staffelei und setzt die Glasscheibe in die Öffnung, die durch das Entfernen des Musterornaments entstanden ist. Der Glasmacher setzt daraufhin das Papiermuster auf die Glasscheibe und schneidet mit einem Diamanten entlang der Ränder. Das Stück wird danach mit Wachs auf die Glasstaffelei geklebt,

Teeschirm mit Spinnwebenmuster
___
Bleiverglasung

dorthin wo das Papiermuster entnommen wurde. Auf diese Weise wird nach und nach das Papier durch Glas in verschiedenen Farben und Formen ersetzt. Es werden viele Änderungen vorgenommen. Wenn eine Farbe nicht zutrifft, wird ein zweites farbiges Stück über oder unter das erste gesetzt, um den gewünschten Farbton zu erhalten. Dies wird Plattierung oder „beschichtetes" Glas genannt.

Skarabäus

Favrile-Glas

Die Bleifassungen unterscheiden sich ebenfalls von den mittelalterlichen Bleifassungen. Sie sind nicht so schwer und werden lediglich als Hilfe verwendet, um das Gesamtbild nicht zu stören. Es wurden erfolgreich Versuche unternommen, diese Bleifassungen abzuschaffen, manchmal indem angrenzende Ränder der Glasscheiben miteinander verbunden wurden oder indem zwei große Glasscheiben so angeordnet wurden,

Pfauenlampe

1905
Bleiverglasung, Bronze, Höhe: 69,85 cm
Privatsammlung

dass die transparenten Scheiben als Träger dienten, welche die Glasscheibe davor bewahrten einzuknicken und die Stücke am Verrutschen aus ihrer richtigen Anordnung hinderten. Neben diesen und anderen noch wichtigeren mechanischen Vorrichtungen, gibt es für das Glas ebenfalls eine größere Farbpalette als im Mittelalter.

Nach dem Ergebnis all dieser Experimente und Erfindungen kann man zusammenfassend sagen, dass

Prunkstück „Pfau"

der moderne amerikanische Glasmaler das Glas wie der Maler die Farben benutzt und seine Arbeit nach seinem Willen verdunkeln und erhellen kann. Bei der Verwendung von opaleszentem Glas können solch wunderbare Wirkungen erzielt werden, wie sie Jean-Baptiste Camille Corot in weißen Wolken mit leicht rosafarbenen Schattierungen besser als jeder Ölmaler geschaffen hat.

Mosaiktafel mit Gelbhaubenkakadu-Motiv

1916
Glas-Mosaiksteinchen, 78,7 x 58,4 cm
Haworth Art Gallery, Accrington

Schon 1875 arbeitete Tiffany an Erfindungen, die den Gebrauch von Emaille nicht nur für Kleidung sondern auch für Hautfarben verminderte. Am *Thill Glasshouse* in Brooklyn gewann er ein Glas, das er für Textilien verwenden konnte, ohne es weiter brennen oder bemalen zu müssen. Aber erst 1878 eröffnete er seine eigene Glaswerkstatt. Andrea Boldini aus Venedig, der unter Dr. Salviati in einer Glasfabrik in

Wandleuchte mit Libellenmosaik
___
Bleiverglasung, Bronze

Murano gearbeitet hatte, war für die Brennöfen zuständig. Die Werkstatt brannte ab, daraufhin ein zweites Gebäude. Von 1880 bis 1893 experimentierte Tiffany am *Heidi Glasshouse* in Brooklyn, wo er seine ursprünglichen Ideen weiterentwickelte und zu dem kostspieligen Schluss kam, dass er nicht erwarten konnte, schöne Fenster herzustellen, wenn er nicht selbst den Ofen bedienen konnte, wo seine Ideen in die Tat umgesetzt wurden, ohne das Eingreifen derer, die nichts davon verstanden oder es nicht verstehen wollten.

Tischlampe im Fischschuppenmuster

Bleiverglasung, Bronze

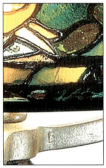

1893 enstand schließlich die Glaswerkstatt in Corona, Long Island und Arthur J. Nash, ein Glasfabrikant aus Stourbridge in England, beaufsichtigte den Bau der Fabrik. 1902 erhielt die Fabrik den Namen *Tiffany Furnaces*. Auch wenn der Betrieb einmal durch ein Feuer zerstört wurde, so existiert und floriert er bis heute.

1878 hatte Tiffany die Gelegenheit, seine Ideen für ein Kirchenfenster umzusetzen. Englisches und

Kegelförmiger Lampenschirm mit Fischmotiv

Umfang: 40,6 cm

europäisches Glas sorgten für perspektivische Wirkungen. Licht und Schatten sowie Details auf der Oberflächenmalerei oder der Pigmente wurden in das Glas gebrannt und dort verschmolzen, gemäß der Technik, die Cennino Cennini sechshundert Jahre zuvor beschrieben hatte. Ausgehend von dem Prinzip, dass diese Wirkungen vom Glas selbst ausgehen sollten, versuchte er, ein Material herzustellen, in dem die Farben und Farbkombinationen, Schattierungen

Bleiglasfenster mit Pfauenmotiv

und Tönungen dort so weit wie möglich ohne Oberflächenbehandlung erschienen.

Vier Jahreszeiten, ein Fenster, das in Paris und London ausgestellt wurde, war bearbeitetes Glas ohne die Verwendung von Pigmenten.

Die tüchtige Frau wurde 1902 für Mr. T. E. Stillmann in derselben Technik angefertigt und in der *Church of the Pilgrims* in Brooklyn in New York untergebracht.

Öllampe, Sockel Nr. 140, Lampenschirm Nr. 1462

Bleiverglastes Favrile-Glas und Bronze

Es ist ein Doppelfenster, in dem Architektur- und Baummotive die Komposition ins Gleichgewicht bringen und die Bleifassungen die Hauptkonturen der Figuren verstärken. Die einzigen Stellen, an denen Emaille verwendet wurde, sind die Gesichter der tapferen Frau und der Menschen, die sich in Bewunderung vor der Terrasse befinden, auf der sie steht. Die unteren Teile des Fensters sind mit marmornen Farben und Blumenmustern reich verziert. Das Fenster trägt die Inschrift:

Im Neuen Zirkus, Papa Chrysantheme

Henri de Toulouse-Lautrec, Louis Comfort Tiffany
1894
Meliertes, bedrucktes und überblendetes Glas, 120 x 85 cm
Musée d'Orsay, Paris

THE WOMAN THAT FEARETH THE LORD, SHE SHALL BE PRAISED.

GIVE HER OF THE FRUIT OF HER HANDS AND LET HER OWN

WORKS PRAISE HER IN THE GATES.¹

In dem Artikel „American Art Supreme in Colored Glass" aus dem Jahr 1893, erschienen im *Forum*, beklagt Tiffany die Tatsache, dass obwohl „dieses Land

Vier Jahreszeiten

1897
Favrile-Glas, Blei
Jason McCoy Inc., New York

heutzutage die Welt unbestreitbar zur Herstellung von Buntglasfenstern von künstlerischem Wert und dekorativer Wichtigkeit führt," die Organisatoren der Weltausstellung in Chicago amerikanische Fenster nicht ausgestellt haben. „Eine intelligente Ausstellung hätte dabei geholfen, den rein kommerziellen Geist zu vertreiben, der sich in diesem Bereich viel zu oft breit macht." In diesem Artikel besaß Tiffany die Kühnheit, die moderne amerikanische Glaskunst zu ihrem Vorteil mit der mittelalterlichen zu

Vier Jahreszeiten

1897
Favrile-Glas, Blei
Jason McCoy Inc., New York

vergleichen. „Ich bin der Meinung, dass die besten amerikanischen Buntglasfenster besser sind als die besten mittelalterlichen Fenster."

In den alten Fenstern wurden die Falten in den Stoffen dadurch erzielt, dass Glasstücke derselben Farbe, aber in verschiedenen Schattierungen nebeneinandergesetzt wurden, oder indem Schatten mit brauner Emaille auf die Glasscheibe gemalt wurden. In Amerika wird Buntglas in geschmolzenem Zustand in die Falten gepresst. Dieses Glas verleiht den Eindruck von Licht

Sirenenmotiv
―
1899
Bleiglasfenster
Carl Heck, Aspen

und Schatten in den Stoffen, ohne viel Bleifassung, Farbe und Emaille verwenden zu müssen.

„In den Fenstern des 13., 14. und 15. Jahrhunderts wurden Farben und Blätterwerk weitestgehend mithilfe von Farben und Emaille hergestellt, in diesem Land fabrizieren wir Blätterwerk, indem wir beim Schmelzen andere Glasstücke in der Form von Stielen, Blättern und Blumen in die Glasscheibe einlassen."

Hornstrauch
―――――――
1900-1915
Glas und Blei
The Metropolitan Museum of Art, New York

Tiffany sagte dies als Fachmann mit langjähriger Erfahrung und nach vielen Enttäuschungen über Menschen und Materialien. Die folgenden sieben Jahre waren besonders interessant. Erfolg krönte seine Bemühungen, der für mindestens zwei Jahrzehnte immer größer wurde. Auf der Weltausstellung in Paris im Jahr 1900 gewann er den ersten Preis und wurde zum Ritter der Ehrenlegion ernannt.

Hängeleuchte mit Bronzemusterung

Bleiverglasung, Bronze

Ein Aspekt, der von Tiffany angesprochen wurde, sollte hier nicht übersehen werden. Die neue Methode verlangt viel mehr Überlegung und Vorsicht vom Fenstergestalter. Er kann seinen Entwurf nicht einfach dem Werkmeister geben und Ergebnisse seinem Ruf entsprechend erwarten. Jeder Arbeitsschritt muss genauso sorgfältig und mit dem gleichen Eifer beaufsichtigt werden wie bei einem Ölgemälde. Denn in der Malerei hat der Auftrag einer Farbe, einer Schattierung und

Kugelförmige Standleuchte
―――――――――――――――――――
Bleiverglasung, Bronze

eines Farbtones auf die Leinwand einen schönen oder schädlichen Effekt auf alles, was zuvor aufgetragen wurde. Genauso verhält es sich mit dem Glasfenster; kein anderer Blick als der des Künstlers kann sagen, ob die frisch aufgetragene Farbe die richtige oder falsche ist. Nur unablässige Arbeit führt zum Meisterwerk.

Drei Lanzettfenster in der *Christ Church* in Fairfield in Connecticut bestehen aus Medaillons, in die durch ein

Tischlampe in Bronzegussfassung

Bleiverglasung, Bronze

ausgefeiltes System aus Rankenwerk religiöse Gruppen eingearbeitet wurden. Die Themen der Medaillons sind Christus als Kind, mit den Ärzten im Tempel, ermahnend, wie er die Kinder zu sich ruft, die Kranken heilt, die Toten auferstehen lässt, usw.

Ein schmückendes Kreuz aus Rankenwerk und Bändern, das auf reich verzierte Fliesen gesetzt wurde, stammt aus dem Jahr 1908. Es ist ein nichtkirchliches Motiv und seine Wirkung ist auf die tiefen und leuchtenden Farben sowie auf das originelle Design zurückzuführen.

Mosaiklüster mit drei Leuchten

Favrile-Glas, Bronze

Eine Waldkomposition mit zwei blumenpflückende Mädchen am Rande eines Flusses ist ein Beispiel für Hausfenster.

Aber die Liste der Fenster für Kirchen, öffentliche Gebäude und Häuser, die in den Tiffany-Werken unter der Leitung von Louis C. Tiffany entstanden sind, wäre zu lang, um sie hier aufzuführen. Das amerikanische Glas hatte mit ihm einen angesehenen Urheber und Verfechter.

Ziselierte Bronzeuhr

Bronze

Tiffany musste gegen die Episcopal Church der Vereinigten Staaten kämpfen, die mit Ehrfurcht auf die Church of England schaute, aus der sie entsprang. Die Kirchenmänner und Kirchenvorsteher favorisierten in ihrer Voreingenommenheit britisches Glas für die Fenster, ungeachtet ihrer Kälte und dem Mangel an Charakter. Es gibt keinen logischen Verstand mit Gefühl. Es betrifft unsere Kirchenarchitektur im Allgemeinen mit wahrhaft bedauerlicher Eintönigkeit und Lahmheit.

Öllampe, Bronzegusssockel

Glas und Bronze

FAVRILE-GLAS

Es waren jedoch nicht die Buntglasfenster, die Louis C. Tiffany so berühmt machten. Sein Protest gegen bestimmte amerikanische Ausstellungen für ihre Vernachlässigung der amerikanischen Buntglasfenster (herausgegeben in *Forum*) war notwendig, denn die Organisatoren solcher Ausstellungen lehnten den Kostenaufwand für Hallen mit geeignetem Tages- und Abendlicht ab, wie sie für eine gute Darbietung der

Schreibtisch-Öllampe, Nr. 136

Glas und Blei
Privatsammlung

Buntglasfenster nötig sind. Es sind in der Tat schwierige Objekte für eine Ausstellung, anders als kleine Glasobjekte für das Wohnzimmer, den Esstisch oder das Boudoir. Antikes Glas chinesischen, venezianischen, böhmischen und britischen Ursprungs hat einen Weltruf erlangt. Was die mysteriösen, aber einmal sehr beliebten Myrrhine-Glaswaren angeht, könnten die Bewunderung klassischer Schriftsteller aus der Kaiserzeit oder die Summen, die heutzutage von

Filigran gearbeiteter Bronzelampenschirm
mit Gehänge aus Metallkugeln

Bronze und Favrile-Glas
Umfang des Lampenschirms: 45,7 cm

Sammlern für ihren Erwerb ausgegeben werden, nicht größer sein.

Wie wir gesehen haben, experimentierte Tiffany in verschiedenen Glaswerkstätten und schließlich auch in seiner eigenen mit farbigem Glas in Gewändern und Schattierungen. Dennoch fand vielfarbiges Glas in prächtigen Farben niemals einen Platz in Fenstern. Da nun aber die Lager voll davon waren, verstand es sich von selbst, dass sich eine so weitreichende Industrie,

Kronleuchter
***
Favrile-Glas, Bronze

wie jede andere auch, darum bemühte, ihr jährliches Defizit durch Nebenprodukte zu senken. Dies war ein, wenn auch nicht der einzige Grund für die Aufmerksamkeit, die Tiffany dem Kleinglas und der Herstellung von sehr beliebtem, sehr abwechslungsreichem und schönem Glas von ungewöhnlicher Qualität schenkte, das den Namen *favrile* erhielt, der leicht auszusprechen war und an den man sich leicht erinnerte, abgeleitet von *faber*.

Seltene Tischlampe mit kuppelförmigem Lampenschirm

1905

Geometrische Marmoreinlagen aus grünem Glas und einem Streifen aus diamantförmig stilisierten, konvexen Edelsteinen. Der urnenförmige Bronzesockel ist mit zusätzlichen Edelsteinen besetzt und ruht auf drei Bronzearmen auf einem kreisförmigen Sockelfuß. Höhe: 53 cm. Privatsammlung

Favrile zeichnet sich durch bemerkenswerte Formen und glänzende oder satte Farben aus, die für gewöhnlich irisierend sind wie die Flügel einiger amerikanischer Schmetterlinge, die Hälse von Tauben oder Pfauen und die Flügel von bestimmten Insekten. Die Technik wurde hauptsächlich für Blumenvasen und Tischdekorationen verwendet, man findet sie aber auch auf Wandschildern wie den schmückenden Glastafeln, die Clément Massier in Golfe-Juan anfertigte, indem er

Kaminsimsuhr mit Mosaikverzierung

Favrile-Glas, Glas und Bronze

sie in Flachreliefs presste und flammenfarben glasierte. Es wird im Mosaik und auf Fliesen verwendet und seit kurzem auch im Tafelservice, wobei es hier die Rolle des üblichen Porzellans einnimmt. Toilettenutensilien, Tabletts, Bonbonnieren, Kosmetik-, Schnupftabak- und Zigarettendosen, große Vasen, Lampenschirme, Teeservice, Kleinkram – es gibt kaum einen Bereich, in dem Favrile keinen Erfolg verzeichnete. Von Beginn an war es sehr beliebt. Wenn Tiffany hinsichtlich der Glasfenster die Vorliebe der Kirchenmänner für den

Elliptischer Libellenlampenschirm auf Sumpfblumensockel

kalten und trüben Stil der britischen Ateliers bedauern musste, so übte er zumindest mit seinen kleineren Kunstgegenständen eine große Anziehungskraft auf farbenliebende Menschen aus.

Dieser Erfolg zeigte den gängigen Geschmack und andere Glaskünstler versuchten, auf diesen Zug aufzuspringen. Favrile erhielt bald jene Ehrenauszeichnung, welche die aufrichtigste Form der Schmeichelei genannt wird. Böhmische Glaswaren tauchten mit Imitaten einiger Formen und Farben des Favriles auf dem amerikanischen Markt auf und fanden mit niedrigen Preisen

Geometrisch gemusterte Hängeleuchte

Bleiverglasung, Bronze

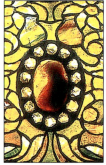

großen Anklang. Das Pfauenfedermuster war ein Klassiker. Aber die Farben waren dünn und fahl im Vergleich zu den Arbeiten Tiffanys. Bessere Ergebnisse erzielte man in Wien, wo ein Glaskünstler, der die Werke Tiffanys genau untersucht hatte und streng ihren Modellen folgte, nicht ohne Erfolg Imitate der Originale herstellte. Seiner Meinung nach war die Arbeitsweise jedoch zu langwierig und schwierig. Man musste einen Weg finden, die Stücke so günstig aber hervorragend

Hängelaterne mit Blumenornamenten

herzustellen, dass man die Kosten des Transports decken konnte; dem Plagiator war dies zu teuer.

Der Künstler unternahm weitere Experimente mit dem sogenannten Favrile und er interessierte sich besonders für die Wirkung von Buntglas, das in transparentes Kristall eingelassen wurde. Die alten Venezianer formten mit Goldfolien Figuren, die sie im Boden von Trinkbechern einschlossen. Figuren und Bilder, die wie Fliegen im Bernstein eingefangen wurden, findet man in der Vergangenheit nicht selten.

Schreibwarenständer mit Relieftrennscheiben
―――――――――――――――――――――――――
1900
Goldbronze mit Blattwerkmuster auf honigfarbenem, meliertem Glas. Höhe: 25 cm. Privatsammlung

Aber auch hier schuf Tiffany etwas Neuartiges. Eine zeitlang widmete er sich der Herstellung von zauberhaften kleinen Blüten, Blumen und Blättern in Glas, die auf natürliche Weise angeordnet und dann in Glas gebrannt wurden, bis eine Vase entstand, in deren Schaft oder in deren Boden schließlich die Blume hing. Diese Art von Vase wird jedoch niemals großen Erfolg verzeichnen, da die Schwierigkeit ihrer Herstellung sie zu kostspielig macht. Sie wird bald eine Rarität sein.

Lampenschirm mit Sonnenstrahl-Motiv
―――――――――――――――――――――――
Favrile-Glas und Bronze

Es sei denn, ein anderer Künstler mit den ähnlichen Bedingungen interessiert sich für dieses Experiment und kann ihm seine Zeit widmen; dann könnten ähnliche Objekte entstehen.

Die Entwicklung irisierender Farben, Farbvariationen und Schattierungen im Favrile-Glas bedarf chemischer Kenntnisse und macht die Herstellung neuer Kombinationen zu einer faszinierenden Beschäftigung. Antikes griechisches und römisches Glas, das lange Zeit der zersetzenden Wirkung der feuchten Erde ausgesetzt

Bronzelampenschirm mit Gehänge aus Metallkugeln

Bronze, Favrile-Glas

war, erzeugte großes Interesse bei Amateuren, die sich ihrer Sammlung widmeten. So wie moderne Maler versucht haben, die Farbtöne alter Gemälde nachzuahmen, so hat auch Tiffany mit der Schönheit antiker Glaswaren gewetteifert, die vielleicht durch ihre öligen Inhalte so gut erhalten waren, denn diese Gefäße waren oft mit Schönheitsmitteln und Salben gefüllt. Sein Farbgeschmack ist in tausenden Kunstgegenständen zum Ausdruck gebracht worden,

Venezianisches Kästchen
―――――――――――――
1915
Goldbronze mit filigranem Beschlagwerk
Verwobene Ranken als Scharniermotiv, Höhe: 12,5 cm
Privatsammlung

die hauptsächlich Verwendung im Haushalt fanden und einen guten Einfluss auf den Geschmack der Bürger hatten. Es ist offensichtlich, dass solche Einflüsse existieren und Auswirkungen haben, bloß ist man sich nur selten darüber bewusst. Die Tatsache, dass Dinge des alltäglichen Gebrauchs wie Lampen, Blumenvasen und Badezimmergegenstände ein breiteres Publikum erreichen als Gemälde und Skulpturen, macht das Kunsthandwerk und Design für

Tischlampe mit kuppelförmigem Lampenschirm

Favrile-Glas, Bleiverglasung und Bronze

ein Land wichtiger als die Schönen Künste. Infolgedessen wird Künstlern, die ihr Talent dem Schaffen schöner Gebrauchsgegenstände widmen, ein so hoher Wert beigemessen. Sie sind die wahren Erzieher der Menschen, nicht im Sinne von Lehrern, die etwas bestimmen, sondern als Meister der Kunst, welche die Gefühle und Sinne der Menschen ansprechen und deren Begeisterung für das Schöne in ihrer Umgebung wecken.

Hängeleuchte mit ausgestelltem Lampenschirm und Gehänge aus Metallperlen
---
Glas und Bronze

EMAILLE UND SCHMUCK

Der Autor dieses Buches hat verschiedene Menschen getroffen, die es sich zur Gewohnheit gemacht haben, ungefasste Halbedel- und Edelsteine zu sammeln und eine große Brieftasche mit den auserlesensten Stücken mit sich zu tragen. Einer von ihnen war Henry Ward Beecher. Diese Sammler genossen es, die Steine anzufassen und zu drehen und zu wenden, um sie im Sonnenlicht funkeln zu sehen. Man kann sich vorstellen,

Sanduhrförmige Öllampe mit mosaikverziertem Sockel und geometrisch gemustertem Lampenschirm

dass Louis C. Tiffany es ihnen gleichtat. Bei ihm, wenn er es denn jemals tat, wäre es jedoch keine sinnlose, durch die reine Freude an glänzenden und glitzernden Edelsteinen bedingte, sondern eine ergiebige Handlung gewesen, der erste Schritt zur Herstellung eines neuen Kunstwerks.

Buntglasfenster und Kleinglas führten den Designer fast unvermeidlich zu einer synthetischen Bearbeitung

Geometrisch gemusterte Wandleuchte

Bleiverglasung, Bronze

von Emaille und Edelsteinen. Ein Maler, der mit einem Sinn für Farbe geboren wurde – und das ist keine Selbstverständlichkeit – muss im tiefen Reichtum der Farben schwelgen und die Farbtöne lieben, die uns die Natur so freigiebig im Marmor, Onyx, Malachit und Karneol schenkt sowie in verschiedenen Muscheln, Perlen, Opal und Korallen, in altem Bernstein und Schildplatt. Emaillen auf Kupfer, Silber oder Gold bieten eine fast unerschöpfliche Mannigfaltigkeit an Hintergründen,

Tintenlöscher mit Mosaikverzierung

von denen sich diese Halbedelsteine abheben – ganz zu schweigen von Diamanten, Rubinen und Saphiren.

Es ist nicht schwierig, sich die Freude vorzustellen, die ein Künstler mit dem Charakter, der Ausbildung und der Vorgeschichte Tiffanys an der Umsetzung seiner Fähigkeiten und seines Geschmacks in der Gestaltung solch seltener und schöner Dinge gehabt haben muss. Zusätzlich zu ihren blumenartigen Farben, den Farbtönen, mit denen es nur Sonnenuntergänge,

Mosaikuhr
———
Favrile-Glas, Bronze

Regenbögen und das nördliche Polarlicht aufnehmen können, besitzen diese Objekte eine Unzerstörbarkeit, die den meisten Männern und Frauen gefällt. Neben der Zerbrechlichkeit von Blüten und Weinranken weisen sie eine Robustheit und Gründlichkeit in der Herstellung auf, die sie allein schon aus rein handwerklicher Perspektive auf eine hohe Ebene stellen. Man kann ohne Übertreibung sagen, dass Tiffany der Hauptvertreter des Kunstgewerbes in Amerika war. Für die technische

Mosaikkerzenständer im Leuchtturm-Design

Genauigkeit dieser schönen Stücke verdient er daher den Titel *fabrum princeps*. Er war nicht umsonst der Sohn von Charles L. Tiffany.

Im sechsten Stock des großen Gebäudes auf der Fifth Avenue, in dem sich *Tiffany and Company* befindet, gibt es die Abteilung der originalen – das heißt der individuellen und nicht kopierten – Emaillen und Juwelen, die von Louis C. Tiffany entworfen wurden. Man nimmt einen Entwurf des Meisters und

Mosaiktintenfass
―――――――――
Favrile-Glas, Bronze

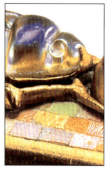

oftmals noch eine Aquarellskizze und formt aus Wachs das Modell des zukünftigen Stückes. Bei verschiedenen Arbeitsschritten während der Entwicklung wird der Meister zu Rate gezogen. Die Grundstrukturen aus Gold, Platin, Silber oder Kupfer werden anhand der Wachsmodelle von erfahrenen Goldschmieden hergestellt, mit Emaille glasiert und gebrannt. Jene Materialien, welche die Hitze des Feuers nicht aushalten, werden vorübergehend an einem Ort zur

Mosaikkästchen mit Skarabäen-Verzierung

letzten Revision gelagert. Wenn der Meister zufrieden ist, werden die letzten Schliffe vorgenommen, die Juwelen oder Halbedelsteine werden sorgfältig in ihre Fassungen gesetzt und das Objekt, das Ergebnis vieler Rücksprachen und Expertenhände, ist bereit für den Ausstellungskasten.

Nicht nur die im vorigen Kapitel erwähnten Favrile-Glasobjekte, sondern auch weiter oben genannte Arbeiten befinden sich in Dauerausstellungen in vielen Museen wie dem Musée des Arts Décoratifs in Paris,

Mosaikschale mit Pfeilspitzen- und Farnverzierung

dem Victoria and Albert Museum in South Kensington in London, im Metropolitan Museum in New York sowie in der Walters Gallery in Baltimore. Viele luxuriöse Privathäuser besitzen Louis C. Tiffanys emaillierte Kunstwerke. Seine Farbkombinationen für persönlichen Schmuck sind in vielen Haushalten die Lieblingsstücke. Aufgrund der außergewöhnlichen Sammlungen verschiedener, farbiger Edelsteine und Steine, die sich bei *Tiffany and Company* angesammelt haben,

Kaminsimsuhr mit Mosaikverzierung

Favrile-Glas, Bronze

kann diese Abteilung auf eine Vielfalt und einen Reichtum an Material zurückgreifen, die in Amerika und anderen Ländern ihresgleichen suchen.

Einer der ersten Entwürfe für Schmuck von Tiffany war die Wilde Möhre oder auch *Queen Anne's lace*. Dieses entzückende Kraut findet man überall. Sein unprätentiöses Blütenrad besteht aus einer Vielzahl kleiner weißer Blumen, manchmal in einem schönen Mauveton, und in seiner Mitte befindet sich oft eine kleine dunkle Blume.

Wandleuchte mit zehnzackigem Sternmotiv

Bleiverglasung, Bronze

Dieses Rad wird in weißer Emaille auf Silber wiedergegeben, mit einem Granat in der Mitte. Eine Libelle als Hutnadel wird emailliert und mit Opalen auf Platingrund versehen. Ein Marinemotiv, bestehend aus einer Krabbe und einem Oktopus mit gekrümmten Scheren, die ein oder mehrere Enden besitzen, wurde auf einer Brosche arrangiert und mit Opalen, Saphiren und Rubinen versehen. Dieses Stück befindet sich heute in der Walters Gallery. Ein Silbergürtel,

Tischuhr

Bleiverglasung, Bronze

der mit Emaille verziert wurde, trägt Beeren aus Opalen. Ein Haarschmuck besteht aus einem Brombeerzweig, dessen Blätter aus filigranem Gold und Silber hergestellt und emailliert wurden und dessen Beeren aus mehreren Granaten bestehen. Ein weiteres, für denselben Zweck verwendetes Motiv ist die Pusteblume voller Samen, genannt „four o' clock". Ein dritter Entwurf ist ein Zweig der kleinen Spierstaude.

Orientalisches Collier

1909
Anhänger in Form eines umgedrehten Herzens,
tränenförmige Opaleinlage, mit Sapphiren besetzt

Ein weiteres Design ist die Pfauenkette, deren Hauptteil ein Mosaik aus Opalen, Amethysten und Saphiren ist. Die kleineren Teile, die an das Hauptstück grenzen, bestehen aus Emaille auf einer goldenen Treibarbeit, die durch Rubine und Opale hervorgehoben wird; Smaragde entlasten die Farben. Die Rückseite des Mittelstücks weist eine Verzierung mit Flamingos auf und der unterste Teil des darunter

Kerosinlampe in schwarzblauer Damaszenerstruktur („Damast")

Favrile-Glas, Umfang des Lampenschirms: 30,5 cm
Museum of Decorative Art, Kopenhagen

befindlichen Anhängers besteht aus einem einzigen roten Rubin, der nicht seiner Kostbarkeit wegen, sondern für seinen exakten Rotton ausgewählt wurde. Gegenstände dieser Art lassen darauf schließen, dass der Künstler die Emaillen Chinas und Japans genau studiert hat, ohne jene aus Byzanz und der italienischen Renaissance aus den Augen zu verlieren. Weder die Farbe noch das Design sind orientalisch, aber man erkennt, dass der Orient eine inspirierende Wirkung hatte,

Vase „Prunkwinde"

1917
Glas, 15,9 x 11,1 x 11,1 cm
Currier Museum of Art, Manchester

wie es auch bei Whistler, La Farge und vielen anderen französischen Malern und Dekorateuren der Fall war. Tiffany hat das Beste übernommen, nämlich den Geist der orientalischen Kunsthandwerker, ohne ihnen soweit verfallen zu sein, dass er des Plagiats bezichtigt werden könnte, und diese Unabhängigkeit und Originalität findet sich sowohl in der äußeren Form seiner Arbeiten als auch in den Designs, die in deren Oberfläche eingearbeitet wurden.

Kerzenständer mit Glaskugeln

Favrile-Glas und Bronze

Unter den ausgesuchtesten Produkten der Tiffany-Emaillen finden sich Stücke, mit denen man Blumentöpfe befestigen oder Blumen schneiden kann, dekorative Vasen für das Wohnzimmer oder den Esstisch, Schmuckschachteln für den Toilettentisch, Bonbonnieren usw. Einige wurden hier als Farbdruck wiedergegeben, um eine Vorstellung von ihrer satten und glänzenden Farbe zu geben. Neben diesen warmen und strahlenden Emaillen wirken die

Zigarrendose mit byzantinischen Ornamenten

Favrile-Glas, Bronze und Lapislazuli

Porzellanwaren aus Limoges konventionell und kalt. Die Entwürfe bestehen hauptsächlich aus Blumenmotiven, die an Tiffanys Gemälde von Rosen, Rhododendron und Pfingstrosen erinnern. Sie spiegeln die Freude wider, die der Künstler an der Farbe hatte, die sich hier den Tönen des Cellos in der Musik vergleichen lässt. Schauen wir uns die kleine Vase in der Abbildung an, auf der eine Reihe von Giftpilzen in verschiedenen Wachstumsstadien in Treibarbeit abgebildet wurde. Dem Künstler ist es gelungen,

Hängeleuchte mit Blumenornamenten

Glas und Bronze

die Struktur des Pilzes deutlich zu machen. Die roten und pinken Farbtöne der Pflanzen und die verschiedenen Grüntöne der Vase ergeben eine prächtige Farbskala und verleihen diesem kleinen Gegenstand die kostbare Qualität, die so schwer zu erreichen ist. Ein kleinerer runder Topf mit Verzierungen aus roten Blumen im Relief liefert den gleichen Eindruck. Eine weitmündige Schale oder Tasse mit roten Blumen, die tief in die glatte Oberfläche eingelassen wurden

Schüssel mit Silberrand und Weinrebenmuster

1909
Glas und Sterlingsilber, 12 x 27,3 x 27,3 cm
The Chrysler Museum of Art, Norfolk

(keine Treibarbeit) ist bemerkenswert für ihre schlichte Eleganz in der Form und dem Glanz des Blumenmotivs.

Nach dem Arrangement des Designs schauen wir uns die Farbzusammensetzung in diesen und anderen prägenden Arbeiten an. Langjährige Erfahrung in der Wahl des Fensterglases gibt dem Künstler die Sicherheit in seiner unmittelbaren Beurteilung. Er braucht keine Regeln für den Farbabgleich, dieser geschieht eher instinktiv. Es erlaubt dem Meister, eine enorme Menge an

Vase

1900
Favrile-Glas, Höhe: 51,5 cm
The Museum of Modern Art, New York

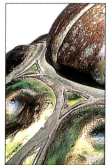

Arbeit in einer bestimmten Zeit zu bewältigen. Tiffany hat seine Assistenten so gut ausgebildet, dass er sich nur wenige Stunden am Tag der Emaille und dem Schmuck widmen musste. Durch sein Studium der Blumen als interessierter Naturmaler sowie seine Freude am Wachstum der Blumen ist er zu so vielen schönen Adaptationen von Blumenarten in Emaille und Buntglas gelangt. Insektenleben und Marinemotive haben andere Linien- und Mengenkombinationen, Farben und

Hängeleuchte

Favrile-Glas, Bronze

Schattierungen ergeben. Er ist, um eine von Goethes bekanntesten Zeilen zu paraphrasieren, dem Gebot „Strecke kühn die Hand aus und greife nach dem Leben um dich herum" gefolgt, und er zieht einen Vorteil aus dem endlosen Reichtum an Gesetzen und Eingebungen, die uns in der Luft, dem Wasser und der Erde in der enormen Weite der Natur begegnen.

Persönliche Schmuckgegenstände werden im weiten Feld der Kunst im Gegensatz zu Objekten der Schönen

Vase

1892-1896
Glas, Höhe: 14,9 cm
Museum of Art, University of Michigan, Ann Arbor

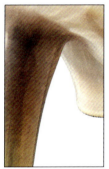

Künste für gewöhnlich als relativ niedrig eingestuft. Wir dürfen jedoch nicht vergessen, dass sie dem größten vorstellbaren Kreis an Käufern zusagen. Praktisch jede Frau und jeder Mann hat ein mehr oder weniger großes Interesse an den Dingen, die er oder sie persönlich trägt. Es ist daher gut, dass solche Gegenstände schön sind oder zumindest von Geschmack zeugen. Man kann sagen, dass die Qualität, die künstlerische Qualität, des Schmucks von Menschen auch etwas über

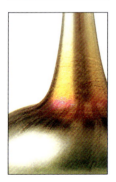

Vase

1900
Favrile-Glas, 41,2 x 15,2 cm
The Museum of Modern Art, New York

deren Kunstverständnis aussagt. Gerade darum ist es so wichtig, dass keine ungeübten Kunsthandwerker sondern Künstler den Schmuckherstellern Entwürfe zuweisen; gerade darum ist es von so hoher Bedeutung, dass Tiffanys Bemühungen Schmuckstücke hervorbringen, die nicht nur originell und individuell, sondern oft auch von außergewöhnlicher Schönheit sind. Jedes Stück hat somit seinen eigenen künstlerisch missionarischen Wert und versucht auf seine eigene stumme Weise, den Banausen zu bekehren.

Tabakdose

Favrile-Glas mit Metallgestell
Metropolitan Museum of Art, New York

NACHWORT

Betrachtet man die vorangegangenen Seiten als der Lektüre würdig, so stellt man fest, dass die Wörter Farbe und Farbgefühl oft auftauchen. Der Wert, welcher der Farbe zugeschrieben wird, wurde oftmals von Theoretikern geleugnet, die den unhaltbaren Standpunkt vertreten, es gebe eine Reinheit und Moral, die mit der Farblosigkeit verbunden ist, im Gegensatz zu Sinnlich- und Üppigkeit, die ihrem Vorhandensein zugesprochen wird. Diese Theorie kommt einem

Vase
———
1895-1898
Favrile-Glas, Ätzgravur, Höhe: 31,1 cm

Großteil der Künstler entgegen, die ohne die besondere Sichtweise und den Sinn geboren wurden, der Ästhetisches von Unästhetischem unterscheidet und die vielen Facetten des Lichts begrüßt.

Persischen Stoffen, japanischen Aquarellen, chinesischem Porzellan, venezianischen Gemälden, den Arbeiten von Rembrandt und Velázquez kann nur dann Anziehungskraft durch Sinnlichkeit und Üppigkeit verliehen werden, wenn wir die Bedeutung dieser

Vase

1900
Favrile-Glas, 52,5 x 13 cm
The Museum of Modern Art, New York

Begriffe erweitern, so dass sie den Engstirnigen und Frömmlern auch zusagen. Einige Maler machten sich einen Namen, ohne diese Charakteristiken in Ausmaßen zu besitzen, auch wenn es eigentlich in der Natur der Sache liegen sollte, dass diese die stärksten Eigenschaften des Künstlers sind. Louis C. Tiffany gehört zu den Malern, die wir unter dem weiten Begriff „Farbenkünstler" fassen, daraus erklärt sich auch die

Vase

———

1892-1896
Glas, Höhe: 8,1 cm
Museum of Art, University of Michigan, Ann Arbor

weiter oben festgestellte Häufigkeit von Wörtern wie Farbe und Farbgefühl.

Die Vereinigten Staaten von Amerika haben zahlreiche Künstler, die unter den Begriff Farbenkünstler gefasst werden können, hervorgebracht, wie zum Beispiel zu Kolonialzeiten Gilbert Stuart und Malbone und später Henry Peters Gray, George Inness, George Fuller und Whistler, John La Farge und Homer D. Martin, Albert P. Ryder und John Singer Sargent.

Tiffany-Massier Lampe

Louis Comfort Tiffany, Clément Massier
1900
Keramik, Glas, Bronze, Höhe: 83,8 cm
The Corning Museum of Glass, Corning

Zu dieser Gruppe gehört auch Louis C. Tiffany und wenn der Bezug auch nicht immer deutlich wird, so ist der Grund dafür die Tatsache, dass er sich im Kunstgewerbe einen solchen Namen gemacht hatte, dass seine Errungenschaften auf diesem Gebiet seine Arbeiten als Maler in den Schatten gestellt haben. Es gab jedoch eine Zeit, als seine Gemälde und Aquarelle in den Ausstellungen der *National Academy*, der *Society of American Artists* und der *New York Water Color*

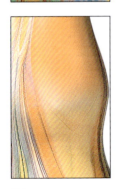

Vase

1897
Glas, 47 x 22,9 cm
Cincinnati Art Museum, Cincinnati

Society von denen als Werke eines Farbenkünstlers anerkannt wurden, die ausreichend Ahnung hatten, um die seltenen Talente eines Auges für Farbe und einer Hand schätzen zu können, die es fertigbringt, die Farbe von der Leinwand singen zu lassen.

Mit dieser seltenen Begabung, die so oft missverstanden wurde, wandte er sich den Kunstformen zu, die dem Künstler noch mehr Farbgefühl abverlangen als das

Vase „Zypern"

1916
Glas, 15,7 x 7,9 cm
Design Museum, Smithsonian Institution, Washington D.C.

Gemälde; denn hier gibt es keine Methoden, darum herumzukommen, während ein Ölgemälde auch von jemandem geschaffen werden kann, der die Farbenkunst nur beinahe beherrscht. Mosaike, die keine Schattierungen und verworrenen Linien aufweisen, Glas, durch das das Licht deutlich hindurchscheint, Stoffe, die in dieses oder jenes Licht gerückt werden, das sind die Dinge, welche die Farbenkunst des Künstlers herausfordern und aus denen es kein Entrinnen gibt.

Platte

1893
Glas, 33,2 x 33,2 cm
The Metropolitan Museum of Art, New York

Im sonderbaren, halbbewussten Glauben des Künstlers sind solche Werke weit weniger wert als die bemalte Leinwand. Im ungeschriebenen Buch des Adels sind die Handwerker des Kunstgewerbes die bloßen Bürger, während sie eigentlich zur Oberschicht gehören. Ohne weiter darüber nachzudenken, übernehmen sie wie die Mehrheit der Menschen fertige Meinungen und lernen in ihrer Schulzeit, dass die Maler an den Staffeleien die Aristokratie des Berufes darstellen. Ohne dieses Thema

Punschschale mit drei Schöpfkellen

1900
Favrile-Glas, Silber, Vergoldung, Kupfer, 36,8 x 61 cm
Virginia Museum of Fine Arts, Richmond

zu vertiefen und genauer aufzuzeigen, wie diese seltsame Vorstellung unter den Malern historisch und soziologisch zustande gekommen ist, stellen wir lediglich fest, dass Tiffany ein zu intelligenter Künstler war, um sich täuschen zu lassen. Da er von Natur aus ein erfinderischer Typ war, widmete er sich im Folgenden anderen Kunstrichtungen, die sein Talent noch viel mehr in Anspruch nahmen.

Es wurde darüber berichtet, wie sehr ihn Buntglas faszinierte und wie er dabei half, diese auserlesene

Parfümflacon in Form einer
persischen Rosenwasserflasche

1898-1899
The Chrysler Museum of Art, Norfolk

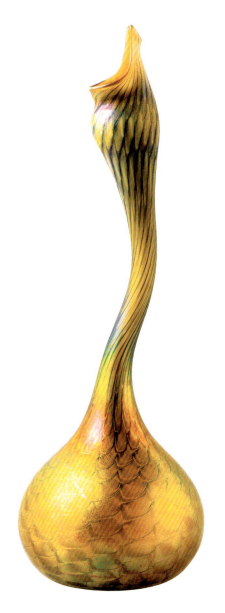

Kunstform der Welt zu schenken, mit solch einem Reichtum und einer Herrlichkeit der Farben, wie es ihm nur die Menschen des 13. Jahrhunderts gleichtaten, welche die großartigen Fensternischen der gotischen Gänge und Kanzeln mit Pracht erfüllten, so dass heute Amerika und nicht Europa Buntglas für wahre Kenner herstellt. Aus dieser amerikanischen Glasmalerschule kamen, dank Tiffany, die kleinen Glasobjekte im Favrile und anderen Stilen, zusammen mit einer solchen Menge

Pfauenlampe

1898-1900
Virginia Museum of Fine Arts, Richmond

an Glasgegenständen, dass sie nur in Katalogen dargestellt werden können. Ein Großteil von Tiffanys Zeit wurde von Glasuren auf Keramik beansprucht; Emaillen auf Kupfer wurden der Öffentlichkeit nähergebracht und der originelle Schmuck fand und findet immer noch großen Anklang. Mit der Zeit wurde die Zahl der verschiedenen Kunstwerke, denen sich Tiffany widmete, so groß, dass es unglaublich erschien, dass ein Mann

Emaillierte Schale

1900
Emaille auf Messing
Sammlung Erwing und Joyce Wolf

allein, so gut ihn seine fähigen Assistenten auch unterstützten, die Zeit finden konnte, sich um alle zu kümmern. Außer einer Person, die zeitgleich Künstler und Geschäftsmann sein konnte, hätte dies niemand schaffen können.

Eine große Anzahl seiner Werke wurde in der *Tiffany Glass Company* auf der Fourth Avenue/ Twenty-Fifth Street hergestellt, aber er zog mit seinen Kunstgeschäften in die Madison Avenue/ Forty-Fifth Street um und wurde

Vase
―――
1898-1899
Favrile-Glas, Höhe: 14 cm
Victoria & Albert Museum, London

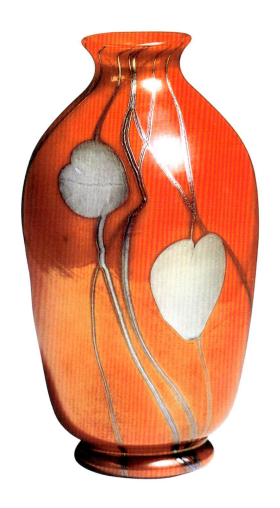

Besitzer des Gebäudes, das ursprünglich für den *Knickerbocker Athletic Club* errichtet worden war. Allein die Aufsicht eines so riesigen Geschäfts kostet einen einzigen Mann genug Anstrengung, auch ohne das zusätzliche private Geschäft. Trotz allem war Tiffany weit davon entfernt, sein Privatleben des Geschäfts und der Kunst wegen in verschiedenen Bereichen zu vernachlässigen, und er fand auch noch

Öllampe, Drahtgestell mit blasgeformtem Glas und Lampenschirm mit Draht- und Perlenverzierung

---

Favrile-Glas, Bleiverglasung, Bronze

die Zeit, sorgsam vier Häuser hintereinander zu planen und zu bauen. Und das waren keine gewöhnlichen Wohnungen. Jedes Apartment war das Ergebnis intensiven Arbeitseinsatzes und jeder Teil der Zimmer wurde genauestens auf die Farbzusammensetzung, Tages- und Abendlicht sowie auf die Anordnung der schönsten und wertvollsten Kunstobjekte hin untersucht. Was die beiden Häuser auf dem Land betrifft, so haben wir dieses Thema bereits im letzten Kapitel abgehandelt.

Sockel in Kürbisoptik mit Kieselverzierung und Kiesellampenschirm

---

Umfang des Lampenschirms: 40,64 cm

Aus Tiffanys Freude an Blumen resultierte sein Interesse für das Wachstum heimischer und exotischer Pflanzen, das sich bei einigen auf die Blüten, bei anderen auf die Blätter bezog. Wir müssen uns ehrlich fragen, wie er die Zeit für all diese Dinge in und außerhalb der Stadt aufbringen konnte. Weite Reisen hat er sich in der Tat nicht erlaubt. Er kannte Japan und Indien nicht, auch wenn der Drang in diese Richtung immer sehr stark gewesen sein muss.

Öllampe mit geometrisch gemustertem Lampenschirm

Favrile-Glas, Bleiverglasung und Bronze

Es ist ungefähr ein Jahrhundert her, dass sich der Einfluss des Orients in seiner Kunst bemerkbar machte, auch wenn die Türkei und Algier die einzigen Orte des Ostens sind, an denen er wirklich vor Ort war. Aus der Sicht des Reisenden kann man behaupten, dass sein Leben nicht sehr ereignisreich war, wenn wir uns jedoch in seine Rolle als Künstler und Erfinder versetzen, war es das allemal. Er lebte getreu dem Motto „Wer rastet, der rostet." Wenn wir an die leise Wirkung denken,

Lampe im Seerosenblattmuster

1899-1910
Bleiverglasung, geblasenes Glas, Bronze, 60,3 x 50,8 x 50,8 cm
New York Historical Society, New York

die er mittels seiner anregenden Kunstwerke in tausenden Familienheimen und unzähligen Museen hinterlassen hat, können wir sagen, dass er sich das Lob des Landes redlich verdient hat.

[1] NUR EINE GOTTESFÜRCHTIGE FRAU VERDIENT LOB. PREIST SIE FÜR DEN ERTRAG IHRER HÄNDE, IHRE WERKE SOLL MAN AM STADTTOR LOBEN. (*Das Lob der tüchtigen Frau* aus dem Buch der Sprichwörter, Bibel 31:10-31)

Hängeleuchte

Glas und Bronze

Abbildungsverzeichnis

A/B

Aquamarin-Vase mit Goldfischen	93
Baumlampe, Baumstammsockel,	
* Lampenschirm mit Blumenornamenten*	23
Bilderrahmen mit Floralornament	55
Bleiglasfenster mit Fisch- und Blumenmotiven	61
Bleiglasfenster mit Pfauenmotiv	115
Blumenmosaik-Sockel;	
* Lampenschirm mit Spinnweben-Ornamentik*	53
Bronzelampenschirm mit Gehänge aus Metallkugeln	161

D/E

Deckenleuchte mit Blumenornamenten	15
Deckenleuchte mit Blumenornamenten	57
Elliptischer Libellenlampenschirm auf Sumpfblumensockel	151
Emaillierte Schale	235

F/G

Fensterdekoration mit Schmetterlingsmotiv	73
Filigran gearbeiteter Bronzelampenschirm mit Gehänge aus Metallkugeln	143

Geometrisch gemusterte Hängeleuchte	153
Geometrisch gemusterte Wandleuchte	171

H

Hängelaterne mit Blumenornamenten	155
Hängeleuchte	207
Hängeleuchte	247
Hängeleuchte „Garten"	47
Hängeleuchte im Schwertlilienmuster	49
Hängeleuchte mit ausgestelltem Lampenschirm und Gehänge aus Metallperlen	167
Hängeleuchte mit ausgestelltem Lampenschirm und Narzissenmuster	45
Hängeleuchte mit Blumenornamenten	13
Hängeleuchte mit Blumenornamenten	201
Hängeleuchte mit Bronzemusterung	129
Hängeleuchte mit Pfauenskulpturen aus Bronze	77
Hängeleuchte „Rosette"	39
Hornstrauch	127

I/K

Im Neuen Zirkus, Papa Chrysantheme,
Henri de Toulouse-Lautrec, Louis Comfort Tiffany — 119

Kaminsimsuhr mit Mosaikverzierung — 149

Kaminsimsuhr mit Mosaikverzierung — 185

Kegelförmiger Lampenschirm mit Fischmotiv — 113

Kerosinlampe in schwarzblauer Damaszenerstruktur („Damast") — 193

Kerzenständer mit Glaskugeln — 197

Kronleuchter — 145

Kugelförmige Standleuchte — 131

L

Lampe im Glyzinienmuster — 63

Lampe im Seerosenblattmuster — 245

Lampe „Libelle", Modell Nr. 1507 — 81

Lampe mit Motiv „Baum in der Blüte" — 35

Lampe mit Narzissenmuster — 17

Lampe Nasturtium (Brunnenkresse), Modell Nr. 607 — 21

Lampenschirm „Libelle" — 83

Lampenschirm mit Sonnenstrahl-Motiv — 159

Lampe „Pony Apple Blossom"; Lampenschirm im Apfelblütenmuster — 43

Leselampe, Standardsockel mit blasgeformten Glaseinlagen und Pfauenlampenschirm	79
Libellenhängeleuchte	75
Libellenmosaik	95
Louis Comfort Tiffany, Fotografie	4

M

Mosaikkerzenständer im Leuchtturm-Design	177
Mosaiklüster mit drei Leuchten	135
Mosaikschale mit Pfeilspitzen- und Farnverzierung	183
Mosaiktafel mit Gelbhaubenkakadu-Motiv	107
Mosaiktintenfass	179
Mosaik-Tischuhr	29
Mosaikuhr	175
Motiv „Vögel auf einem Ast" in einem Rahmen	69

O

Öllampe, Bronzegusssockel	139
Öllampe, Drahtgestell mit blasgeformtem Glas und Lampenschirm mit Draht- und Perlenverzierung	239

Öllampe mit Blumenornamenten 9

Öllampe, Sockel Nr. 140, Lampenschirm Nr. 1462 117

Orientalisches Collier 191

P

Parfümflacon in Form einer persischen Rosenwasserflasche 231

Pfauenhängeleuchte 71

Pfauenlampe, 1898-1900 233

Pfauenlampe, 1905 103

Pfauenöllampe 85

Platte 227

Prunkstück „Pfau" 105

Punschschale mit drei Schöpfkellen 229

R/S

Rosenmuster mit ausgestelltem Lampenschirm 11

Sanduhrförmige Öllampe mit mosaikverziertem Sockel

  und geometrisch gemustertem Lampenschirm 169

Schreibtisch-Öllampe, Nr. 136	141
Schreibwarenständer mit Relieftrennscheiben	157
Schüssel mit Silberrand und Weinrebenmuster	203
Seltene Tischlampe mit kuppelförmigem Lampenschirm	147
Sirenenmotiv	125
Skarabäus	101
Skarabäus-Siegelstempel	87
Sockel in Kürbisoptik mit Kieselverzierung und Kiesellampenschirm	241
Sockel mit Weizenmosaik, Lampenschirm mit Spinnweben- und Apfelblüten-Ornamentik	37
Sockel Nr. 145 mit Pfeilspitzenmosaik; Lampenschirm „Rose"	19
Standard-Dreibeinsockel mit Lampenschirm „Tulpe"	31

T

Tabakdose	213
Teeschirm	89
Teeschirm im Schwertlilienmuster	59
Teeschirm mit Spinnwebenmuster	99
Tiffany-Massier Lampe	221
Tintenfass in Form einer Krabbe	97

Tintenlöscher mit Mosaikverzierung	173
Tischlampe im Fischschuppenmuster	111
Tischlampe in Bronzegussfassung	133
Tischlampe mit Ahornblattmuster	33
Tischlampe mit Azaleenmuster	25
Tischlampe mit kuppelförmigem Lampenschirm	165
Tischlampe mit Libellenmosaik-Sockel, Nr. 147	67
Tischleuchte mit Bambusmuster	27
Tischuhr	189
Trichterförmige Hängeleuchte Allamanda (Dschungelglocken)	41

V

Vase, 1892-1896	209
Vase, 1892-1896	219
Vase, 1895-1898	215
Vase, 1897	223
Vase, 1898-1899	237
Vase, 1900	205
Vase, 1900	211

Vase, 1900	217
Vase mit Pfauenmotiv	91
Vase „Prunkwinde"	195
Vase „Zypern"	225
Venezianisches Kästchen	163
Vier Jahreszeiten, 1897	121
Vier Jahreszeiten, 1897	123

W

Wandleuchte mit Libellenmosaik	65
Wandleuchte mit Libellenmosaik	109
Wandleuchte mit Lotusblumenmotiv	51
Wandleuchte mit zehnzackigem Sternmotiv	187

Z

Zigarrendose mit byzantinischen Ornamenten	199
Ziselierte Bronzeuhr	137